MARCHE

DE LA

COLONISATION

ALGÉRIENNE

DEPUIS LA CONQUÊTE

PAR

M. Georges GALENS,

Vérificateur de 1ʳᵉ classe du Service de la Topographie,
en retraite.

(Ouvrage couronné par l'*Algérie Agricole*).

Prix : **75** Centimes.

ALGER

IMPRIMERIE PIERRE FONTANA ET Cⁱᵉ,
20, Rue d'Orléans, 20

1892

MARCHE

DE LA

COLONISATION

ALGÉRIENNE

DEPUIS LA CONQUÊTE

CE QU'ON A FAIT,
CE QU'ON DEVAIT FAIRE. CE QU'ON POURRAIT ENCORE FAIRE.

PAR

M. GEORGES GALENS,

Vérificateur de 1ʳᵉ classe du Service de la Topographie,
en retraite.

(Ouvrage couronné par l'*Algérie Agricole*).

ALGER
IMPRIMERIE PIERRE FONTANA ET Cⁱᵉ,
29, Rue d'Orléans, 29
1892

MARCHE DE LA COLONISATION ALGÉRIENNE

DEPUIS LA CONQUÊTE

Ce qu'on a fait ; Ce qu'on devait faire ; Ce qu'on pourrait encore faire.

I

Quand la France eut enfin détruit ce vieux nid de pirates et remplacé l'étendard des Deys d'Alger par son drapeau national, deux systèmes de colonisation pouvaient s'appliquer à l'Algérie.

Le premier, celui des pionniers des Etats-Unis, consistait à refouler la race indigène au delà d'une zone déterminée, en réservant exclusivement aux Européens la région du Tell.

Le second, tout en appelant de nombreux colons dans le pays, laissait aux populations indigènes la possession d'une partie du sol pour suffire à leurs besoins ; et les deux races devaient concourir également à la prospérité de notre nouvelle conquête.

La France, toujours grande et généreuse, repoussa le premier moyen, et, sans adopter le second, plus noble, plus loyal, mais moins sûr et moins prompt, elle se borna à l'occupation militaire du pays.

Ce régime transitoire ne devait pas être favorable à la prospérité de l'Algérie ; il a fait pour la colonisation à peu près tout ce que permettait son organisation, en accordant cependant une incontestable préférence aux indigènes.

Les bureaux arabes, dont on a tant parlé, étaient nécessaires au système de l'occupation militaire ; ils exerçaient des fonctions multiples, et, disons-le franchement, beaucoup se sont acquittés de leur tâche avec dévouement et intelligence.

Mais si la domination militaire a en partie cessé, si les indigènes ne sont plus depuis lors soumis aux règles d'une discipline sévère, qui arrêtait chez eux tout élan, toute initiative et les empêchait de se rapprocher des nouveaux occupants, par contre, le régime civil qui lui a succédé, quoiqu'il ait, de fait, essayé beaucoup pour faciliter ce rapprochement, n'a pas suffisamment tenu compte des mœurs et usages traditionnels des indigènes, en les abandonnant trop à leurs propres forces. Ce peuple, ignorant et fanatique à l'excès, tardera longtemps encore à apprécier d'une manière complète les bienfaits de notre civilisation ; car, depuis l'occupation française, il a été tenu constamment à l'écart, et, en somme, on a très peu travaillé, d'une manière utile, à son assimilation.

Habitué à être gouverné de tout temps d'une manière despotique, n'ayant jamais fait usage de la liberté politique et religieuse que nous lui avons apportée, il ne saurait aujourd'hui, sans y être préparé d'avance, accepter d'autres décisions que celles qui émanent d'un pouvoir fort, à l'action prompte et décisive. — Tout acte officiel, qui ne possède pas ce caractère, est considéré par lui simplement comme une tentative venant d'une autorité faible et incapable de diriger ses destinées.

C'est, en un mot, un peuple encore enfant, mineur, qui veut qu'on pense pour lui et qu'on le conduise d'une main ferme et puissante.

Pour essayer de civiliser les indigènes et les mettre à même de contribuer à la prospérité du pays, il n'est pas nécessaire de les assimiler complètement à nos nationaux. Il suffit de chercher uniquement, par tous les moyens possibles, à utiliser leurs aptitudes, afin de les amener insensiblement et progressivement à accepter notre civilisation. — Nous y parviendrons, en les maintenant sous une tutelle libérale, juste mais énergique, qui, en cas d'infraction à la loi commune, permettrait une répression immédiate et sévère en même temps qu'équitable.

Mais ce qui nous paraît devoir surtout faciliter davantage ce rapprochement entre colons et indigènes, ce serait de faire adopter tout d'abord, à ces derniers, nos procédés de culture et nos perfectionnements agricoles.

En améliorant leurs procédés rudimentaires et en augmentant ainsi leur bien-être, dans une large mesure, ils arriveraient plus facilement à accepter nos lois si justes, si humaines et si libérales.

C'est une tâche digne d'une grande nation, comme la France, de faire comprendre au peuple arabe ce qu'il aurait à gagner à se rallier à notre civilisation, et cela sans brusquer et sans porter atteinte à ses croyances, qui sont inséparables de ses lois morales, politiques et religieuses.

Le moyen le plus pratique pour la mise en œuvre de notre système consisterait à créer dans chaque département algérien une ou plusieurs fermes-écoles, organisées simplement et sans grand attirail. C'est là que les jeunes indigènes apprendraient les travaux de culture et recevraient, en même temps, une instruction tout à fait élémentaire et essentiellement pratique. Après deux ou trois ans, ils sortiraient de ces établissements en état de faire, sur les terres formant le patrimoine de leur famille, l'application de l'enseignement reçu. Les améliorations qui en résulteraient dans la culture indigène, en modifiant leurs anciens usages, établiraient, par la force des choses, un courant d'intérêts communs entre eux et les colons — ce qui est avant tout le but à atteindre (1).

En procédant ainsi, notre temps et nos soins ne seraient point perdus. — Le peuple conquis n'est pas inapte, il n'est

---

(1) Les territoires de colonisation, actuellement affectés aux Smalas et les constructions qu'elles contiennent peuvent, à très peu de frais, être aménagés pour servir à la création de ces fermes-écoles.

qu'opprimé par des préjugés séculaires. Son intelligence s'ouvrira vite sous le souffle vivifiant du progrès. — Quelques sujets, élevés dans nos écoles et entrés dans les carrières libérales, sont des exemples frappants de ce que peut être cette race, qui eut jadis une si belle page dans les annales de la civilisation.

La mécanique, qui joue un si grand rôle dans nos industries, ne lui restera certainement pas étrangère. On a vu, en Kabylie, des faits qui démontrent victorieusement avec quelle facilité les jeunes indigènes comprennent les étonnantes inventions du génie moderne.

Venons donc vite en aide à cette race qui peut encore se relever, en partie du moins, et qui s'anéantira si nous n'agissons au plus tôt.

Ne permettons pas que l'histoire puisse dire que la France n'a pas su faire adopter sa civilisation par un peuple placé sous sa protection. N'ayons point plus tard à nous faire ce reproche ! Que les principes régénérateurs, proclamés jadis dans toute l'Europe par nos armées triomphantes, viennent enfin relever les habitants de ce pays si favorable au progrès.

Un bienfait n'est jamais perdu, et nous avons la conviction que les résultats que nous obtiendrons du rapprochement des Européens et des indigènes compenseront largement nos efforts. Les deux éléments se fortifieront l'un l'autre. Ainsi, par exemple, l'indigène est plus sobre, plus patient que le Français. Où celui-ci échouera, vaincu par le climat et par les privations, celui-là persévérera et triomphera. Essayons donc d'utiliser l'indigène dans tous nos travaux. Ne le considérons pas comme l'esclave nègre plié sous le fouet d'un commandeur, mais comme notre auxiliaire et notre égal devant Dieu et devant la Loi.

Ce que nous souhaitons n'est pas une utopie. Nous avons vu les indigènes de près, nous les avons employés et nous les connaissons. Ils ont leurs défauts (nul n'en est exempt), mais ils ont des qualités que nous n'avons pas, quoique nous leur soyons incontestablement supérieurs. Associons-nous donc ; que chacun apporte son contingent et ne doutons pas du succès.

La race indigène (1) moralisée par notre influence, relevée par l'émancipation de la femme, base de la famille et première éducatrice de l'homme, adoptant nos lois, instruite dans nos écoles, partageant nos droits et nos devoirs, ne tardera pas à sortir de l'abaissement dans lequel elle est tombée et coopérera largement à la prospérité du pays. Et d'ailleurs, quand bien même le succès ne répondrait pas à notre attente, il est de l'honneur de la France de tenter des efforts qui, en admettant qu'ils puissent rester infructueux, n'en seront pas moins glorieux pour nous.

(1) Les indigènes forment en Algérie un ensemble de 3.500,000 habitants environ, dont la plus grande partie se compose de Berbères et de Kabyles qui sont de race autochtone. Ceux de race arabe, composant le petit nombre, sont les descendants des conquérants qui, en 670, envahirent le pays et le mirent à feu et à sang. Après avoir imposé *par la force leur religion* aux vaincus ils leur inculquèrent dans la suite leurs mœurs et leurs institutions sociales.

II

Consistance de la propriété indigène.

L'Algérie conquise, ce ne fut guère qu'après la soumission de l'Emir Abd-el-Kader (1847) que le gouvernement se préoccupa sérieusement de donner une certaine impulsion à la colonisation.

Nous dirons plus tard ce qui a été fait et les résultats obtenus.

Pour le moment nous ne parlerons que des conséquences produites par l'application du Sénatus-Consulte du 22 avril 1863, qui a privé la colonisation de ressources précieuses, qu'on pourrait si intelligemment utiliser aujourd'hui.

Après une interruption de vingt années, les opérations du Sénatus-Consulte de 1863 ont été reprises, et, à l'heure actuelle, elles se continuent dans toutes les tribus de la région du Tell, qui restaient encore à délimiter en 1870

Les opérations du Sénatus-Consulte de 1863 consistent :

I. A délimiter les périmètres des territoires des tribus et douars-communes.

II. A subdiviser les terres comprises dans le périmètre de chaque douar délimité, en différents groupes désignant :

1º Les terres domaniales, les massifs forestiers et le domaine public ;

2º Les terres de parcours (réserves communales) ;

3º Les terrains Melk (propriétés privées) ;

4º Les terrains Arch, autrement dits terrains collectifs de culture.

C'est sur les terrains Melk et Arch qu'est appliquée ensuite la loi de 1873 sur la propriété indigène.

La première opération, ne concernant que la délimitation territoriale et la constitution des douars-communes, est un travail qui a réellement son utilité et qu'on aurait tort de critiquer, car elle ne porte aucune atteinte à la propriété. Au contraire, elle permet de cantonner dans une même contrée des tribus qui forment, pour ainsi dire, une famille à part, et qui occupent certains terrains dont elles n'ont que la jouissance précaire. Cette opération ne lèse donc aucun intérêt, puisqu'elle ne fait que circonscrire dans des espaces déterminés les descendants de mêmes aïeux ayant, avec leur origine, des traditions communes.

Quant à la subdivision territoriale des douars en groupes domaniaux, Melk, Arch, etc., on peut admettre que pour toutes les tribus où cette opération a été basée sur les travaux préparés et entrepris en vue du cantonnement de ces mêmes tribus, avant l'application du Sénatus-Consulte, elle a été exécutée d'après les données fournies par les anciennes commissions de cantonnement, à la formation desquelles avaient été appelés des agents du Domaine, les Inspecteurs de colonisation, etc. Aussi la répartition territoriale des douars de ces tribus a été faite avec des éléments de contrôle tels, que les terrains de l'Etat, à n'importe quel titre, et les terrains Arch y existant réellement, ont été conservés avec leur véritable titre d'origine ; de sorte que pour ces douars les droits des possesseurs réels ont été respectés. Les nombreux terrains Arch (collectifs de culture) qu'ils comprennent, sont une preuve évidente de la manière consciencieuse dont cette opération a été conduite.

Il n'est pas inutile de dire non plus que, pour la majeure partie de ces douars, il existait déjà des plans parcellaires, levés par la topographie, indiquant la nature du terrain et leur occupation effective, ce qui a grandement servi à la reconnaissance des titres de propriété, qui d'ailleurs avaient été déjà rigoureusement examinés par les commissions de cantonnement.

Il n'en a pas été de même de la plupart des autres tribas, où l'on a continué l'application du Sénatus-Consulte. Ces tribus, éloignées des centres, n'avaient pas été l'objet de levés, ni de reconnaissances domaniales. Le Service du Domaine n'avait, sur ses sommiers, que quelques indications, très vagues pour la plupart, et les sous-commissions, pressées par l'autorité supérieure de livrer leurs travaux, étaient obligés d'opérer très rapidement, sans pouvoir apporter à leurs opérations tout le soin désirable, de sorte que souvent, faute de partie adverse pour contester la possession du sol, les indigènes seuls produisaient des revendications que les djemmas dirigeaient habilement.

De ceci résulta nécessairement que beaucoup de terrains appartenant de droit au Beylik, et d'autres, d'origine Arch furent revendiqués comme propriétés Melk et classés comme tels.

L'administration supérieure aurait pu cependant s'opposer à toutes ces usurpations faites au préjudice du Domaine de l'Etat, puisqu'elle possédait des données certaines sur tous les biens existant en 1830, sous la Régence turque, et se décomposant ainsi (1) :

1° Propriétés constituant le domaine de l'Etat sous le nom de Beylik .. ..   1.500.000 h.

2° Propriétés affectées aux tribus à titre de jouissance collective.. ....   5.000.000

3° Propriétés possédées par les Kabyles, à titre de propriété privée (biens Melk d'origine romaine)........................   3.000.000

4° Propriétés attribuées à des familles arabes, à titre de propriété privée, mais sur lesquelles un droit supérieur de revendication était réservé au Souverain (biens Melk d'origine musulmane)....................   1.500.000

A REPORTER.......... ....

___

(1) Voir l'*Algérie*, par Clamageran. Paris, Germer Baillière, 1883, page 266.

REPORT..........   ....

5° Propriétés comprenant les forêts, les landes, les steppes, les broussailles, les lits de rivière, etc., ouvertes au libre parcours des hommes et des bestiaux, appartenant à la communauté musulmane tout entière (Blad el Islam).....................   3.000.000

TOTAL..........   14.000.000 h.

En somme, il n'y avait en Algérie, avant que nous en eussions pris possession, qu'une seule propriété, l'Etat pouvait disposer à son gré des Arch aussi bien que des Melk. Put-on trouver jamais situation plus favorable à l'œuvre colonisatrice ?..... On ne sut pas, ou on ne voulut pas en tirer parti. Cela est d'autant plus évident que quinze ans après la prise d'Alger (1845), un document officiel affirmait que 6,000,000 d'hectares étaient mis en réserve pour la colonisation.... Que sont-ils devenus ?

C'est le Sénatus-Consulte qui a fait table rase de cette réserve, par suite de son mode d'application.

Si les sous-commissions et les commissions ont opéré, ainsi que nous venons de le dire, il est juste aussi de reconnaître qu'elles n'étaient pas suffisamment appuyées par l'autorité supérieure, qui encourageait ouvertement les prétentions des indigènes. Elles auraient certes fait bien mieux, si on les avait laissées plus libres d'exercer leur action. Seuls les agents du Service forestier, avec une indépendance qui les honore, ne craignaient pas de maintenir leurs revendications sur tout massif broussailleux un peu épais, présentant une apparence de forêt. Le plus souvent, ces revendications étaient admises, malgré les protestations des indigènes.

Ces massifs broussailleux, qui ne deviendront jamais probablement de vraies forêts, représentent, en dehors des forêts véritables, un ensemble d'un million d'hectares environ pour toute la région du Tell. C'est une ressource précieuse acquise d'ores et déjà à la colonisation.

Sans les revendications du Service forestier, ces terres augmenteraient d'autant les millions d'hectares dont la majeure partie a été indûment attribuée à titre Melk aux indigènes, par suite de l'homologation des opérations des commissions, car il ne faut pas perdre de vue qu'en ce moment-là on ne s'intéressait guère qu'aux indigènes et que tout se faisait manifestement pour les favoriser, au détriment de la colonisation.

Nous pouvons donner une preuve convaincante de ce que nous avançons.

En 186., délégué pour nous concerter avec le chef du bureau des affaires indigènes de la division d'Oran, afin d'arrêter ensemble le programme des travaux à exécuter par le Service de la topographie, nous fîmes observer à cet officier que les plans au 1/10,000ᵉ qu'on faisait lever à ce Service, *depuis fort longtemps déjà*, étaient d'une utilité très contestable, puisqu'ils ne pouvaient servir ni à la reconnaissance ni à la constitution de la propriété indigène et que, pour faire œuvre utile, il vaudrait mieux adopter les levés parcellaires et cadastraux à l'échelle de 1/4000ᵉ.

Ce chef du bureau divisionnaire répondit que les levés de cette nature porteraient de grands troubles dans la jouissance du sol occupé par les indigènes ; qu'il fallait les maintenir dans l'indivision et les empêcher, par tous les moyens possibles, d'aliéner leurs terres, et ainsi éviter leur ruine. Il ajouta, sans chercher à déguiser sa pensée : « La colonisation en Algérie est une œuvre peu pratique ; inutile d'agiter cette question ? »

Ce chef de bureau n'était pas le premier venu, et en s'exprimant ainsi, il se faisait l'écho des idées régnant alors dans les hautes sphères gouvernementales et qui, quelques années auparavant, avaient déjà fait le sujet de la fameuse lettre-programme de l'Empereur dont le retentissement fut aussi grand en France qu'en Algérie (1).

---

(1) C'est précisément à ce même officier, considéré à juste titre comme un des plus intelligents dans les affaires indigènes, que l'on attribuait alors la rédaction de cette lettre, laquelle n'est plus aujourd'hui qu'un document historique.

Cette célèbre lettre était destinée à servir de préface au projet de constitution du Royaume arabe, œuvre insensée dont l'enquête du comte Lehon fit avorter l'accomplissement.

Cette enquête peut encore aujourd'hui éclairer utilement le gouvernement sur la question algérienne, actuellement à l'ordre du jour.

De ce qui précède, on peut conclure qu'il a été réellement fâcheux qu'on ne se soit pas borné — au lieu d'appliquer en entier le Sénatus-Consulte de 1863 — à délimiter exclusivement les périmètres des tribus, en les subdivisant en douars-communes, et à appliquer ensuite sur ces derniers le système de cantonnement tant préconisé par le Maréchal Bugeaud et le Général de Lamoricière. Ce système consistait à attribuer à chaque famille indigène, dans son propre douar, et en tenant compte des biens privés qu'elle pouvait déjà y posséder, un certain nombre d'hectares devant former son domaine familial et suffisamment doté pour pourvoir largement à ses besoins présents et futurs. A côté de ces attributions parfaitement délimitées et bornées, on aurait livré au peuplement européen les espaces restant disponibles dans le même douar (1).

Pour ne pas suivre les mêmes errements que sa devancière, l'administration d'aujourd'hui, éclairée par l'expérience du passé, vient de prescrire — par un règlement, servant de guide aux Commissaires délimitateurs qui poursuivent en ce moment l'application du Sénatus-Consulte de 1863 dans les tribus non encore soumises à ces opérations, dans la région du Tell — de n'accepter que les revendications légitimes, afin de sauvegarder les droits réels de

---

(2) Dans les Etats-Unis, ce système de cantonnement vient d'être adopté à l'égard des tribus indiennes, lesquelles ont consenti à l'accepter, afin de ne plus être inquiétées, comme jadis, dans la possession du sol des territoires où elles se trouvent maintenant définitivement cantonnées.

l'Etat sur les terrains qui ne présentent aucun des caractères de bien Melk.

A la suite de l'application de ces principes de justice, on attribue maintenant à chacun ce qui lui appartient en réalité.

On doit féliciter l'administration d'être entrée dans cette voie qui, sans porter atteinte aux prescriptions du Sénatus-Consulte, ni aux droits sacrés de la propriété, permettra d'étendre plus facilement l'action colonisatrice sur toute la région du Tell.

Nous aurions ici des critiques à faire sur la manière dont on a procédé ensuite à la constitution de la propriété dans les périmètres des groupes déterminés à la suite de leur délimitation par le Sénatus-Consulte, mais cela ne servirait pas maintenant à grand chose, puisqu'il n'est plus possible de revenir sur ce qui a été fait dans les douars, où les titres individuels ont été déjà délivrés, et par conséquent de rien y changer. Les droits de propriété sont acquis à tout jamais aux détenteurs, en vertu de titres réguliers qui leur ont été remis par l'administration française, et aujourd'hui aucun pouvoir n'a légalement le droit de les annuler. Toutefois, il existe un moyen de réparer en partie ce fâcheux état de choses, c'est d'apporter, dans le plus bref délai possible, une réforme universellement souhaitée et qui s'impose à la procédure judiciaire, afin de faciliter, à peu de frais, les licitations et les transactions immobilières en Algérie en supprimant de coûteuses et inutiles lenteurs.

Tout. en Algérie, doit tendre à l'extension de la colonisation. Quoi qu'on en dise, ce ne sont pas les terres qui manquent. Il y en a des quantités entre les mains des indigènes ; elles n'ont jamais été cultivées et la charrue européenne saura bien vite les rendre fertiles et riches, si nos gouvernants veulent sérieusement favoriser l'élément colonisateur dans ce pays, — et c'est là le seul moyen de le rendre prospère.

C'est cette question que nous allons traiter dans le chapitre suivant avec tous les développements qu'elle semble comporter.

III

Colonisation.

Avant d'aborder une question aussi importante, il nous parait utile de faire sommairement l'historique des modes de colonisation mis en pratique jusqu'à présent, en vue du peuplement de l'Algérie par l'immigration française, de préférence à tout autre.

Les premiers essais de colonisation en Algérie sont dus aux effets de l'ordonnance royale de 1846, dont l'application permit de déterminer les périmètres des propriétés indigènes rayonnant autour des principales villes du littoral. La plupart de ces propriétés se trouvaient déjà occupées par des Européens qui en étaient détenteurs d'après des *titres authentiques possédés par les vendeurs indigènes et israélites et dont les droits incontestables furent régulièrement reconnus par l'administration* (1).

Presque à la même époque et comme conséquence des projets de colonisation étudiés par les généraux commandant les provinces d'Oran et de Constantine (2), le Gouvernement provisoire fit voter par l'Assemblée nationale la création des centres dits « Colonies agricoles ». Toutefois, au lieu de se contenter d'adopter purement et simplement le système économique préconisé par le général de Lamoricière, on créa des villages de toute pièce, où les nombreux millions destinés à ces créations furent rapidement engloutis. Il est bien

(1) A ce sujet, nous devons faire remarquer que de tout temps les indigènes n'ont réellement joui du droit réel de propriété que sur les immeubles qu'ils possédaient, non à titre précaire, mais bien en vertu d'un titre parfaitement régulier transcrit sur les registres de l'administration turque.

(2) Voir la brochure intitulée : *Projet de colonisation pour les provinces d'Oran et de Constantine,* par MM. les lieutenants-généraux de Lamoricière et Bedeau. Paris, Imprim. royale, 1847

évident qu'avec des sommes aussi importantes on aurait pu, à ce moment, tripler le nombre des centres qui furent créés, si l'on tient compte des facilités qu'avait l'administration de cette époque de disposer de grands espaces de terrain pour servir à l'établissement de ces premières colonies agricoles. Disons même en passant que la prospérité actuelle de ces centres est plutôt l'œuvre du temps, secondé par les efforts persévérants de nos braves et laborieux colons qui ont su résister à tant d'épreuves, que l'œuvre de la trop paternelle et bienveillante protection de l'administration.

En effet, la population de ces premiers établissements agricoles a été renouvelée plusieurs fois. Bon nombre des premiers colons ont été obligés d'abandonner leurs concessions malgré les avantages considérables qu'on leur avait faits. On leur avait donné gratuitement des maisons, des terres en partie défrichées, des animaux, des instruments aratoires et même des vivres pendant une certaine période de temps.

Aujourd'hui l'administration a modifié sensiblement sa manière de faire. Cependant elle continue à accorder des concessions gratuites à des immigrants français, qui, pour la plupart, n'ayant aucune notion des travaux des champs et peu ou point d'aptitude pour les exécuter, sont obligés de recourir à la main d'œuvre mercenaire. Le plus grand nombre d'entre eux — ne possédant en réalité que des ressources insuffisantes pour faire face aux dépenses même les plus indispensables à une première installation — se trouvent dans l'impérieuse nécessité de contracter des emprunts à des intérêts très onéreux, avant même d'entreprendre l'exploitation de leur concession. C'est la ruine à bref délai.

Tout en signalant ce que ces systèmes ont eu, ou peuvent encore avoir de défectueux dans leur application, notre intention n'est pas de blâmer ou de critiquer l'administration civile dans ce qu'elle a fait et fait encore aujourd'hui pour compléter l'œuvre de la colonisation en Algérie. Au contraire, nous avons eu souvent l'occasion de constater son courage, son dévouement et même l'esprit de fermeté et de décision dans les luttes qu'elle a eu à soutenir pour la défense des intérêts de la colonie confiés à sa garde, contre le pouvoir central, sous les différents régimes qui se sont succédé en France. Nous devons même ajouter que ce sont ses résistances intelligentes, énergiques, et honorables pour elle, qui, lorsqu'il fut question de constituer un royaume arabe en Algérie, ont empêché la liquidation de la colonisation au profit des indigènes, idée conçue par certains personnages influents faisant partie alors de l'entourage intime du chef de l'Etat.

Notre but consiste donc à indiquer uniquement ce qui, selon nous, d'après l'expérience du passé, semble devoir être tenté pour permettre d'étendre rapidement les bienfaits de la colonisation européenne dans toute la région du Tell : problème moins difficile à résoudre qu'il le paraît tout d'abord, surtout si l'Etat, au lieu de vouloir tout faire par lui-même, consent à encourager davantage l'initiative individuelle des colons par une protection large et sans entraves.

Pour assurer d'une manière complète l'œuvre de la colonisation en même temps que la sécurité de l'Algérie, nous proposerions donc, tout en tenant compte de ce qui a été déjà fait et de ce que l'on pourra encore faire : Que la haute direction en soit toujours confiée à l'administration, qui ne peut ni ne doit s'en désintéresser sous aucun prétexte, si elle veut que cette œuvre soit couronnée par le succès. Pour atteindre ce but, elle doit avant tout continuer, comme par le passé, à se procurer les terres nécessaires et les affecter :

1° A augmenter, dans les limites du possible, les périmètres des centres déjà créés, mais de ceux uniquement où le développement de la colonisation est sûr et dont on peut facilement accroitre l'importance et la prospérité, puisqu'on opèrerait sur un terrain tout préparé et reconnu des plus favorables pour obtenir des progrès rapides et certains.

Les centres devant être l'objet de ces agrandissements étant pourvus d'édifices publics, tels qu'écoles, mairies,

— 18 —

églises et tous les aménagements nécessaires afin d'assurer leur bon fonctionnement, l'Etat aurait peu de chose à y faire pour livrer ces extensions territoriales aux peuplements européens.

2° A la création de nouveaux centres dans tous les endroits reconnus propices à leur développement et dont les emplacements sont déjà désignés, depuis fort longtemps sur les projets de colonisation sérieusement étudiés. (Voir, pour la province d'Oran, la carte-programme de colonisation du général de Martimprey.)

Le peuplement des agrandissements et des nouveaux centres à créer serait fourni par l'immigration européenne (1); les fils des colons habitant l'Algérie pourraient également y contribuer dans une certaine mesure.

Les lots formant les attributions de ces créations ne seraient plus *donnés gratuitement et directement aux immigrants et colons*, mais cédés à des compagnies de colonisation chargées du recrutement des attributaires destinés à les occuper. Ces compagnies rétrocéderaient à ces derniers les lots d'attribution que l'Etat leur aurait concédés, sous certaines conditions, et après que celui-ci aurait agréé le peuplement choisi par elles (2).

Avec les capitaux dont ces compagnies disposeraient, elles pourraient même étendre le cercle de leurs opérations en facilitant la mise en valeur des terres propres à la culture, en dehors du périmètre des centres de colonisation.

L'application de ce mode de procéder nous semble être celui qui peut le plus provoquer un sérieux courant d'immigration vers l'Algérie et permettre, en même temps, de pouvoir compter sur une population européenne assez dense pour assurer en peu de temps et à jamais la prospérité et la sécurité de notre colonie.

----

(1) Les étrangers ne pourraient devenir concessionnaires qu'après avoir obtenu la naturalisation de citoyen français.

(2) Voir notre *Etude sur la colonisation par des grandes Compagnies financières.*

L'obstacle principal qui arrête et paralyse le mouvement d'immigration française en Algérie est dû surtout, ainsi que nous croyons l'avoir démontré, à la défectueuse application des systèmes qui ont été employés jusqu'à ce jour, plutôt qu'à tout autre cause.

Depuis soixante et un ans que nous occupons cette colonie, la France devrait parfaitement savoir, en présence des résultats qu'on a déjà obtenus, que l'Algérie n'est plus un champ d'essai mais bien un pays qui, surtout au point de vue agricole et vinicole, offre d'incomparables ressources et que, plus la métropole lui accordera de crédits, plus celle-ci en recueillera d'avantages dans l'avenir. Cette vérité pourra plus facilement pénétrer dans les départements agricoles de notre mère-patrie, par les soins de puissantes sociétés disposant de grands moyens de propagande et dont les effets seront plus certains que l'action limitée de l'administration, peu apte à remplir une pareille mission, pour laquelle, du reste, elle n'a pas jusqu'à présent montré de bien grandes dispositions (1).

Il est, en effet, de toute notoriété qu'à l'heure actuelle bien des bourgades en France ignorent l'importance toujours croissante des productions et du mouvement commercial de l'Algérie. Pour se convaincre de cet accroissement nous n'avons qu'à reproduire un extrait du *Bulletin trimestriel de la Société de géographie du département d'Oran*, dans son intéressant compte-rendu annuel de 1891. Nous citons textuellement :

« C'est une simple page d'histoire :

---

(1) Au besoin les Conseillers généraux des départements et les Conseillers des arrondissements français, groupés par région, pourraient prendre l'initiative et se constituer en Sociétés de co lonisation. Ensuite ils désigneraient parmi eux un Comité chargé spécialement du recrutement régional des émigrants, remplissant les conditions et ayant les aptitudes voulues. Ainsi fait, le choix offrirait à l'administration de sérieuses garanties morales et matérielles dont la valeur serait indiscutable.

« En 1830, au moment de la conquête, le commerce de la France avec la Régence d'Alger était de 3 à 4 millions. Il représente actuellement plus d'un demi-milliard, dont la plus grande part profite à la Métropole. Nous fournissons donc un appoint précieux au commerce et à l'industrie de la France : c'est presque le huitième du mouvement commercial tout entier.

« A cette époque déjà ancienne, le sol n'était cultivé que pour les besoins d'une population paresseuse et misérable, indignement exploitée par des chefs rapaces et violents ; ce sol était couvert de broussailles impénétrables servant de repaires aux fauves et que l'incendie dévorait périodiquement, selon l'usage pratiqué par les peuplades pastorales et nomades depuis les temps bibliques.

« Aujourd'hui, ce même sol fournit à l'exportation, en céréales, vins, produits miniers et forestiers, fruits, primeurs et bestiaux, une valeur qui dépasse 250 millions et alimente le fret de plus de 4,500 navires.

« Les cultures européennes, agricoles et industrielles occupent une étendue de 2,800,000 hectares environ, pour une population de 200,000 colons ; soit une moyenne de 14 hectares par personne. Les indigènes, au nombre de 3,500,000 individus, mettent en culture, selon les procédés arabes, 9 millions d'hectares, soit environ 2 hectares et demie en moyenne. Un européen cultive donc six fois plus d'étendue qu'un indigène ; le produit est dans le même rapport.

« Autrefois, les moyens de circulation n'existaient pas. Quelques sentiers, à peine praticables aux cavaliers, constituaient l'unique système des voies de communication.

« Actuellement, l'Algérie présente un magnifique réseau de voies ferrées développant près de 3,000 kilomètres, dans lequel la province d'Oran en compte 1,200 ; nous avons, en outre, 2,345 kilomètres de routes nationales parfaitement viables, dont plus de 1/3 sillonnent notre département, et environ 20,000 kilomètres de chemins départementaux, de grande communication ou vicinaux.

» Au point de vue de l'activité du roulage, il résulte d'un comptage général du nombre de colliers qui ont circulé sur les routes nationales en France et en Algérie en 1890, que le département d'Oran vient en cinquième lieu dans le tableau comparatif.

« L'Algérie compte, en outre, un réseau de 16,500 kilomètres de fils télégraphiques portant instantanément dans toutes les localités la pensée des correspondants — tandis que, dans peu de temps, un nouveau et 3e câble sous-marin nous reliant à la France, rendra plus faciles encore nos relations télégraphiques avec la Métropole.

« Sur les côtes algériennes, jadis inhospitalières, refuge de pirates, effroi des navigateurs, que ni Charles-Quint, en 1541, ni lord Exmouth, en 1825, ne purent réduire, on a creusé quatorze ports ou abris, fréquentés par vingt nations maritimes. Une sécurité absolue règne aujourd'hui sur cette mer qui peut prendre à juste titre, le nom de lac Français, puisque c'est la France qui l'a affranchie de la piraterie.

« Là où des marais pestilentiels rendaient le pays inhabitable, on trouve de magnifiques villes et des villages en pleine prospérité. De grands barrages ont été placés en travers de rivières torrentueuses dont les crues subites occasionnaient des désastres épouvantables ; et les eaux, ainsi retenues, servent aujourd'hui à l'irrigation d'immenses plaines qu'elles fertilisent et enrichissent.

« Jadis, l'Algérie était tributaire de la France pour les vins ; elle expédie aujourd'hui, dans la Métropole, plus de un million et demi d'hectolitres de produits recherchés. Et les plantations de vignes augmentent tous les ans.

« Cette Algérie, dont la production était à peu près nulle à notre arrivée, envoie en France et à l'étranger annuellement : 600,000 tonnes de minerais divers, dont une grande partie sort de notre département ; plus de 4 millions de quintaux métriques de céréales ; 750,000 quintaux d'alfa, dont près de 600,000 sortent des ports du département ; 50,000 quintaux de liège et une multitude d'autres produits qu'il serait trop long d'énumérer.

« En 1830, il n'y avait d'autre population d'origine européenne que les esclaves et les malheureux enlevés par les forbans sur la côte septentrionale de la Méditerranée. Actuellement, l'effectif de la population européenne dépasse 500,000 âmes.

« Enfin, pour terminer cette énumération comparative, nous dirons qu'on a construit 330 villes et villages et d'innonbrables fermes en des points autrefois déserts.

« Ces merveilleuses transformations qui font l'admiration des étrangers ont été réalisées en moins d'nn demi-siècle, malgré les vols et les assassinats dont les colons sont victimes, malgré les révoltes fréquentes des Arabes, malgré des insurrections terribles, qui ont mis parfois l'Algérie à deux doigts de sa perte et qui nous obligent, encore aujourd'hui, à une surveillance constante, pour assurer notre sécurité.

« A la place de la barbarie, nous avons implanté la civilisation et le progrès : nous avons affranchi les esclaves.

« Là où était la guerre en permanence, nous avons proclamé la paix et organisé le travail.

« Voilà l'Algérie que nos *Bulletins* tendent à faire connaitre. Voilà, réduits à leur formule la plus simple et la plus expressive, les brillants résultats obtenus par les efforts et les sacrifices des colons si décriés. Voilà des vérités absolument ignorées de la Métropole et que nous, Société de géographie, avons pour devoir de répandre partout, afin d'être mieux appréciés. Voilà, enfin, notre œuvre, à nous tous, colons et soldats, œuvre que l'on cherche à saper par la base. »

* *

Pour les agrandissements des anciens centres et la création de nouveaux que nous proposons, afin d'assurer d'une manière certaine l'œuvre de la colonisation dans ce pays et sa pacification complète, il faut nécessairement des terres pour les former.

Nous allons, après l'exposé que nous avons fait de la situation actuelle, indiquer les moyens de se les procurer tout en sauvegardant, dans une juste mesure, les intérêts des indigènes, mais non au détriment d'un intérêt qui les prime : *celui de nous maintenir en toute sécurité dans la colonie que nous avons conquise et que nous devons avant tout rendre prospère ;* c'est là l'objectif auquel doivent tendre nos efforts.

Comme nous l'avons déjà dit précédemment, les indigènes possèdent aujourd'hui à titre melk, collectif et indivis (en dehors de leurs propriétés privées) de vastes espaces de terrains qui leur ont été attribués à tort, par suite d'une fausse application du Sénatus-Consulte de 1863. Ces terrains sont pour la plupart couverts de broussailles drues et de ronces, mais le fond du sol est d'excellente qualité.

Depuis un temps immémorial, ces surfaces restent en friche. Il faudrait les défricher, travail trop rude pour l'indigène, qui se borne, en fait de travaux de culture, à gratter légèrement le sol des clairières avec sa charrue traditionnelle et tout à fait primitive.

C'est à peine si les troupeaux osent s'aventurer dans ces immenses steppes ; et les moutons, lorsqu'ils y pénètrent, laissent un flocon de laine à chaque ronce, à chaque buisson

Ces terrains représentent cependant des ressources considérables pour la culture, et de quoi suffire largement à une population agricole dix fois supérieure à celle que composent actuellement les européens et les indigènes réunis.

Il est donc possible, et même nécessaire, pour bien assurer la prospérité de notre colonie, de prélever au moins 2,000,000 d'hectares de terres sur toute la région du Tell algérien. On complèterait ainsi la dotation territoriale destinée à former les périmètres des centres qu'il convient encore de créer officiellement dans cette région, sur des points désignés naturellement pour la défense du pays, et qui réunissent en même temps les conditions les plus favorables au développement du peuplement européen.

Le restant des terres de cette région, après *ces prélèvements qui s'imposent*, représente largement de quoi suffire aux besoins présents et futurs des indigènes, quand bien même leur nombre viendrait à augmenter dans les plus grandes proportions et en dehors de toute prévision.

Ce n'est donc pas commettre une spoliation que de reprendre aux indigènes, par l'expropriation et pour les affecter aux besoins de la colonisation européenne, une faible partie des terres qui leur ont été si généreusement attribuées et dont ils ne retirent aucun profit.

Une fois que l'Etat aurait à son acquit les terres indispensables pour former la dotation du domaine de la colonisation, domaine duquel feraient nécessairement partie les massifs impropres au reboisement, les biens possédés déjà par l'Etat ou qui peuvent encore lui revenir par déshérence. Ces terres, l'Administration les ferait défricher, quand besoin serait, par les condamnés des pénitenciers civils et militaires. Dans ces conditions, elles serviraient plus utilement aux échanges des terrains qu'on serait obligé d'acquérir, sur des points déterminés, soit pour servir aux agrandissements des centres ou à la formation de nouveaux, soit encore à être louées ou aliénées au profit de la colonisation libre.

Il ne faut pas perdre de vue que tant que la colonisation européenne n'aura pas conquis la plus grande partie du sol qui compose la région du Tell, la sécurité du pays ne sera pas entièrement assurée. Pour y parvenir et prévenir à tout jamais toute velléité d'insurrection de la part des indigènes, c'est à l'Etat qu'il appartient de désigner la position que doivent occuper les centres à créer, tant au point de vue stratégique qu'au point de vue de la répartition et du groupement de la population européenne. A lui encore la construction des voies de communication destinées à relier ces centres entre eux.

En procédant de la sorte, on arrivera graduellement et d'une manière sûre à étendre dans les meilleures conditions de succès l'action colonisatrice jusqu'à la limite des Hauts Plateaux. Cela permettra à la colonisation libre de s'aventurer dans les espaces compris dans les cercles formés par une agglomération de plusieurs centres et de s'y développer à l'aise, sans entrave aucune et en toute sécurité.

L'expropriation s'impose donc. Agir autrement, ce serait renoncer pour jamais à tout système pratique de colonisation et livrer aux hasards du sort les destinées de notre chère colonie.

Nous croyons avoir suffisamment démontré la nécessité de rendre disponible ou plutôt plus accessible à l'élément européen la possession d'une partie du sol algérien. C'est la seule manière de le rendre prospère et de nous y maintenir en accentuant, davantage que nous l'avons fait jusqu'à présent, la marche en avant de la colonisation.

Sans cela, c'est à la domination militaire du pays qu'il faut revenir avec la perspective du royaume arabe, qui en est la solution toute contraire, mais qui s'imposerait alors fatalement.

Comme corollaires du système de colonisation dont nous proposons l'application, nous allons traiter maintenant une après l'autre toutes les questions qui s'y rattachent.

IV

Choix de l'emplacement de l'assiette
des villages.

Nous devons reconnaître qu'on a trop souvent choisi, pour l'emplacement des villages, des endroits humides et malsains, dans l'intention de mieux utiliser la position d'une source émergeant dans un bas-fond.

Une longue et désastreuse expérience nous a démontré quel obstacle la prospérité des centres trouvait dans l'insalubrité qui résultait de ce mauvais choix. La population décimée par la fièvre, voyait peu à peu ses forces s'épuiser et ses ressources s'amoindrir, sans constater d'amélioration notables dans l'état de la colonie. Nous avons habité de ces villages, et nous avons été témoin du découragement qui s'empare du colon, toujours sous le coup de maladies, qui ruinent sa santé et le démoralisent.

Combien de familles, dont les chefs étaient subitement emportés par le *terrible fléau !* Combien d'autres, mises dans l'impossibilité de travailler, entamaient un bien modeste capital, qui s'en allait promptement en quinine et en visites de médecin !

Le défrichement des terres vierges augmentait encore l'intensité des fièvres, surtout à l'automne, et nous avons souvent vu tous les travailleurs d'une ferme, malades à la fois, obligés de négliger ou de retarder les semailles.

Un tel état de choses, bien connu d'ailleurs de tous ceux qui ont habité l'Algérie, ne mérite-t-il pas qu'on cherche sérieusement à profiter de l'expérience du passé, pour éviter à l'avenir de semblables inconvénients ? Le remède même n'est-il pas indiqué par la position choisie par les indigènes, pour la création de leurs villages ?

En cela, plus avisés que nous, les Arabes (1) ont toujours perché leurs habitations sur des hauteurs qui, outre l'avantage d'un air pur et sec, avaient encore celui de dominer le pays, de mettre les habitants à l'abri d'une surprise et de faciliter la défense. Une position de ce genre n'est donc pas à dédaigner, dans un pays habité par un peuple plus guerrier qu'agriculteur et où nous n'avons pas toujours eu la jouissance paisible de nos nouveaux droits.

———◆———

V

Moyen de suppléer aux sources et cours d'eau pour l'alimentation des centres.

La seule difficulté, plus apparente que réelle, qui ait pu jusqu'à présent s'opposer aux choix des élévations, dans le but d'y construire les habitations des villages algériens, était le manque d'eau, pour l'alimentation des habitants et l'abreuvage des bestiaux. Les indigènes s'en inquiétaient peu. N'avaient-ils pas leurs femmes ?.... Qui de nous n'a vu de longues files de ces malheureuses, chargées d'outres pesantes, gravir péniblement une côte, au sommet de laquelle apparaissaient quelques gourbis pittoresquement entourés de cactus ?

Il est certain que nous ne pouvons songer à de tels moyens, pour procurer de l'eau à nos villages ; mais cherchons des exemples, qu'il nous soit facile de suivre, dans

______

(1) Nous voulons parler des arabes qui ont des demeures fixes, et non de ceux qui vivent en nomades.

les pays dont l'Algérie se rapproche le plus, sous le rapport du climat et de la formation géologique.

Dans beaucoup de contrées du midi de l'Espagne et surtout dans les Iles Baléares, les cours d'eau et les sources sont très rares. On a su remédier à cette pénurie, par la construction de citernes. Gibraltar, par exemple, qui possède parfois une garnison de 10,000 hommes et une population constante de plus de 20,000 habitants n'a pour s'alimenter d'eau et arroser son jardin public, les promenades et les nombreuses villas situés dans sa banlieue, que de vastes citernes, suffisant largement à tous ces besoins. Cette idée d'ailleurs n'est pas nouvelle. On a trouvé dans la plupart des ruines romaines (et même à Carthage), beaucoup de citernes et de réservoirs admirablement construits, et prouvant que les intelligents conquérants de l'Afrique septentrionale avaient reconnu tous les avantages, que l'on peut tirer de ces créations. Elles utilisent, en effet, les eaux pluviales, chaque année plus fréquentes et plus abondantes en Algérie.

Les ruines de Kaoua, dans la commune mixte d'Ammi-Moussa (département d'Oran) sont une preuve à l'appui de ce que nous avançons. Elles sont les restes d'un grand *latifundium* fortifié, enclos d'une ceinture de 300 mètres de développement et bâti sur une hauteur, au pied de laquelle serpente un cours d'eau vive, qui ne tarit en aucune saison. Ces eaux n'étaient pas cependant utilisées par la nombreuse garnison de la citadelle, qui s'alimentait au moyen de deux magnifiques citernes, construites sous la cour, et dont il reste encore d'importants vestiges (1).

------

(1) Le capitaine Marchand, en 1839, a relevé la position de cette ruine, ainsi que de 103 autres à peu près semblables (divisées en quatre groupes) et comprenant une grande ville, appelée Medina Achelaf, dont les vestiges couvrent plusieurs kilomètres, le tout situé dans l'ancien cercle d'Ammi-Moussa. Il estime que l'immense commun circulaire de 300 mètres de longueur et de 10 mètres de largeur, qui entoure le château de Kaoua, pouvait conte

Dans les Iles Baléares, on a des citernes, non seulement pour les besoins des habitants ; (chaque maison possède la sienne) mais encore pour le bétail et l'arrosage des cultures maraîchères ou autres. Nous avons visité une vaste propriété de 200 hectares environ privés entièrement de sources et de puits, qui était pourvue d'eau au moyen de plusieurs citernes de différentes dimensions et placées en divers endroits. Deux d'entre elles, d'une certaine capacité, étaient situées à quelques mètres, en contre bas d'un plateau, et servaient à irriguer, à l'eau courante, une grande orangerie et plusieurs vergers, formant un ensemble de plus de 5 hectares, et étagés par gradins sur le versant d'un côteau, qui dans le principe, n'était qu'un escarpement rocailleux. Une autre citerne, située dans les bâtiments de la ferme, suffisait à l'alimentation du fermier et des ouvriers. De plus, au bas de chaque côteau, on avait ménagé un certain nombre de canaux, qui réunissaient les eaux et les dirigeaient sur des plates-formes disposées en aire. Ces eaux s'emmagasinaient ensuite en passant par un petit puisard rempli d'une certaine quantité de plantes épineuses, ayant la forme d'une boule et ressemblant à un hérisson pelotonné sur lui-même.

Ces boules d'épines servent à arrêter le passage de matières étrangères, qui pourraient sans cela s'introduire dans la citerne. Près de chaque citerne destinée à abreuver les troupeaux, se trouvent des auges rustiques, taillées et creusées dans des pierres de grandes dimensions.

Ces citernes sont pour la plupart creusées, bâties et cimentées en dedans, par les fermiers eux-mêmes. Le ciment

---

nir au moins 200 hommes de garnison, sans compter les maîtres, les serviteurs et les esclaves.

M. de la Blanchère qui a lu et commenté l'inscription gravée sur la clef de voûte du portail qui sert d'entrée au château de Kaoua affirme que cette construction est de l'époque théodosienne. Elle était la propriété d'un grand seigneur appelé Férinus et le centre d'une grande exploitation agricole, à laquelle étaient reliées par des tours d'autres fermes également fortifiées, de façon à se voir et s'entresecourir au besoin.

employé est un mélange de brique pilée et de chaux, fabriqué par celui qui l'emploie, en sorte que ces constructions reviennent à des prix insignifiants.

Chaque colon pourrait faire de même, en utilisant les eaux des gouttières de son habitation et en les dirigeant dans des réservoirs creusés à proximité.

On pourrait même transformer la place publique du village en une sorte d'aire, dont les eaux s'écouleraient dans un vaste réservoir qui deviendrait une citerne banale comme nos fontaines publiques (1).

(En faisant une appplication générale de ce système, les sources et les cours d'eau pourraient être enclusivement réservés à l'irrigation des terres de culture). — En dehors des travaux d'art, tels que barrages et canaux, à exécuter pour l'aménagement de ces eaux, les communes pourraient également construire de petits barrages formés de terre et de branchages; destinés à arrêter en partie, au moment des pluies, l'écoulement des eaux torrentielles, qui se déversent dans les ravins. On modérerait ainsi la rapidité du courant et on le dirigerait sur les terres de cultures avoisinantes. Ce serait là un moyen efficace d'empêcher, dans les saisons trop pluvieuses, la formation de ces grandes mares d'eaux stagnantes, qui deviennent parfois de vrais lacs dans les bas-fonds où elles séjournent.

Sans écoulement naturel, ces mares croupissent bientôt et forment ainsi de véritables foyers pestilentiels, dont les exhalaisons malsaines portent partout la langueur ou la mort. Les dessécher nécessite un pénible et coûteux travail. Il nous semble donc sage d'en prévenir la formation, par les moyens, que nous indiquons et qui sont de peu d'importance. La

____

(1) Dans tous les anciens couvents du midi de l'Espagne, existent de vastes citernes creusées sous la cour de leur cloître. — Les habitants des quartiers environnants, dont les maisons sont dépourvues de citernes, y viennent puiser, comme à une fontaine publique, l'eau nécessaire à leurs besoins.

salubrité du pays, et partant la colonisation y sont inté-
ressées.

D'un autre côté, il nous semble que la construction d'une
série de barrages déversoirs et non réservoirs (1) sur nos
cours d'eau les plus importants, et cela jusqu'à leur embou-
chure, empêcherait des masses d'eau considérables d'aller
se perdre dans la mer, sans profit aucun, tandis qu'elles
nous seraient si utiles, si nous pouvions les déverser dans
les plaines et les vallées, dont elles augmenteraient la ferti-
lité.

Cet aménagement des eaux aurait deux effets importants:
le premier, de régulariser leur écoulement, le second, de
produire des infiltrations constantes, qui augmenteraient le
débit des sources comprises dans les bassins hydrographi-
ques des cours d'eau ainsi canalisés.

L'adoption du système que nous proposons semble de
prime abord exiger l'exécution de travaux assez importants.
Toutefois comme ces travaux suivant un plan arrêté d'avance peuvent être exécutés par parties et progressivement, en
somme, ils ne dépassent ni nos moyens, ni le courage que
nous avons au cœur !

Et puis, que sont les fatigues ou les dépenses qu'ils peuvent exiger, si on les compare au but que nous voulons
atteindre ?..... Il faut faire de l'Algérie un pays aussi
sain qu'il est fertile ; il faut que l'agriculteur ne trouve plus
la mort dans ces régions où il vient, par ses labeurs gagner
le bien être et le bonheur. Nous ne faillirons pas à notre
tâche !!

---

(1) Les deux grands barrages réservoirs qui existent dans la
province d'Oran, sont une menace perpétuelle d'inondation pour
la contrée où ils se trouvent. Les désastres qu'ils ont déjà occa
sionnés par leur rupture, se chiffrent par des millions. Les barrages déversoirs ne présentent pas les mêmes inconvénients.

VI
Avantages des citernes pour nos routes.

Comme annexe à cette question, qu'il nous soit permis d'ajouter un mot sur d'autres avantages que l'on peut tirer des citernes en Algérie.

Il nous semble aussi qu'il serait très utile d'en creuser de distance en distance le long de nos routes et à tous les points où, les eaux pluviales, que reçoivent les fossés qui les bordent, se déversent en grande quantité pendant l'hiver, sur les terrrains environnants.

Cette eau servirait en toute saison, mais surtout pendant l'été à arroser les parties de la chaussée qui, suivant la composition et la solidité du sol sur lequel elle repose, est exposée à se détériorer plus facilement par l'effet d'une sécheresse trop prolongée, comme aussi à consolider et à faciliter la prise des emplois de pierraille qu'on est obligé de faire d'une manière constante, pour suppléer à l'usure des routes et pour empêcher leur complète détérioration.

Actuellement, faute d'eau, on ne peut faire ces emplois pendant la saison sèche ; on doit même, — pour préserver l'empierrement qui n'est pas encore usé, — laisser subsister partout une couche épaisse de poussière provenant de la pierraille pulvérisée par les roues des voitures, dont la circulation est très considérable sur nos principales routes.

Avec les citernes que nous préconisons, la poussière des routes pourrait être enlevée au fur et à mesure qu'elle se produit, et la chaussée, réparée dans des conditions normales. Cela se pratique du reste, dans l'intérieur et aux abords des villes, partout aussi, où l'on peut se procurer constamment de l'eau.

A peu de frais cette mesure pourrait se généraliser et ainsi, par des empierrements partiels, on éviterait des réfections totales, qui sont toujours longues et fort coûteuses.

VII

Du reboisement et de l'avantage des plantations.

On n'a pas à revenir aujourd'hui sur la question du reboisement ; tout le monde en a reconnu la nécessité impérieuse, et les essais que l'administration a faits aux environs d'Oran sur les flancs du Mourjadjo et de la montagne des Lions ; dans le département d'Alger, autour d'Orléansville, et à Constantine dans sa banlieue, prouvent surabondamment que la poursuite de l'entreprise ne peut donner que des résultats satisfaisants. (1).

N'attendons pas plus longtemps, mais hâtons-nous au contraire de donner au pays ces forêts qui lui procurent des avantages immenses, parmi lesquels on peut compter: l'assainissement de la contrée, le rafraichissement de l'atmosphère, la fréquence des pluies et des rosées, si précieuses en Algérie ! Pareille chose tentée en France, sur des points très secs, et très accidentés, a donné des résultats surprenants. Il en sera de même pour nous ici ; nous pouvons du moins l'espérer !

Tout d'abord, il faudrait empêcher, par tous les moyens possibles, la destruction des arbres qui ne peuvent être immédiatement remplacés par de meilleures essences. Il faudrait encourager, plus qu'on le fait, les plantations chez le colon ; et cela en accordant des primes pour celles dont

---

(1) Sous l'intelligente et active direction de M. Mathieu, conservateur des forêts de la Province d'Oran, cette partie du domaine de l'Etat a été gérée avec une rare compétence.

Avec des ressources très limitées, tout ce qui a été possible de reboiser a été tenté, et les heureux résultats de ce consciencieux travail sont déjà considérables.

Du reste on consultera avec fruit l'excellente brochure de M. Mathieu publiée en 1889 sous le titre : *Les forêts de la province d'Oran*, Imprimerie P. Fontana et Cie, Alger.

la réussite paraîtrait assurée, après un certain nombre d'années, et que des soins d'entretien, intelligemment continués, amèneraient à des résultats concluants. (1).

D'un autre côté, qui empêcherait les municipalités de consacrer, chaque année, quelques journées de prestations à la plantation d'arbres appropriés à la nature du sol? Elles pourraient aussi affecter une somme, même minime, à la création de pépinières. Leur entretien serait confié à un jardinier cantonnier, comme cela se pratique dans le centre de Clinchant du département d'Oran. Sous un climat chaud, où il y a nécessité de se garantir des ardeurs du soleil, il faut nous procurer de nombreux ombrages. Nous devons donc orner nos places publiques, nos rues, nos marchés, nos lavoirs, nos canaux, en les entourant ou en les bordant d'essences communes, comme le caroubier, le faux poivrier, le ficus, et les diverses espèces d'acacias. Faute de mieux, on prendrait le *bellombra*. Il vient très bien dans les sols les plus ingrats et dans les endroits les plus exposés à la violence des vents. L'utile et l'agréable seraient ainsi conciliés et nos contrées prendraient cet aspect riant et vert de nos villages de France.

Sous le Gouvernement général du Maréchal Randon, l'administration s'était un moment sérieusement occupée de la question des plantations. Sur nos routes nationales et départementales, elle avait créé, de distance en distance, des enclos carrés d'une superficie de 25 ares environ, fermés par des haies vives et dans lesquels on fit des semis de pins et d'autres arbres forestiers qui réussirent à merveille.

Beaucoup de ces enclos — ils ont gardé le nom de jardins ou oasis Randon — existent encore dans le département d'Oran ; quelques-uns même forment de vrais bos-

---

(1) En Chine on attache une telle importance à la plantation des arbres, qu'il existe un proverbe très répandu dans le pays « pour être *vraiment un homme*, il faut pendant sa vie avoir planté au moins un arbre, en assurant sa réussite. »

(*Extrait de la Revue des deux Mondes*).

quets, qu'on aime à rencontrer. Malheureusement la plus grande partie dépérit de jour en jour, et disparaîtra bientôt, c'est fatal, faute d'un entretien peu coûteux que l'on néglige cependant. (1).

Un avantage de ces massifs, dont on pourrait à peu de frais augmenter le nombre sur nos routes algériennes, c'est qu'ils rendent de réels services tant au roulage, qu'aux ouvriers et colons voyageant sans cesse. Ils sont encore utiles aux nombreux moissonneurs, espagnols, kabyles ou marocains, qui, sous un soleil de plomb et portant sur leur dos un véritable attirail, parcourent l'Algérie par escouades de 50 et même de 100 hommes. Dans ces bosquets convenablement espacés, ils trouvent un lieu de repos, toujours apprécié et qui atténue sensiblement la fatigue de la marche.

On assurerait mieux la réussite des arbres dont ces enclos pourraient être complantés, on en rendrait l'entretien facile et peu coûteux en utilisant durant l'été les eaux des citer-

---

(1) Cette négligence nous paraît sans excuse et il nous semble bon de la signaler, pour qu'il y soit porté un prompt remède. A peine, en effet une plantation est-elle faite par l'administration ; à peine semble-t-elle prospérer qu'aussitôt on la néglige d'une manière déplorable. Rien d'étonnant après cela, que l'on voit de mauvais œil consacrer des sommes relativement importantes à des plantations destinées à dépérir bientôt.

Un exemple de cette incurie : lors de la création du centre d'Hammam-bou-Hadjar (département d'Oran) il y a douze à quinze ans, le fer à cheval contenant environ une soixantaine d'hectares, qui se trouve entre le village et l'établissement des bains, était destiné à former un grand parc. Dans ce but et suivant un tracé savamment étudié, il fut complanté d'arbres de toutes sortes d'essences. Une fois ces plantations faites et quelque temps après, ce terrain fut loué à un colon qui s'empressa d'y faire pâturer ses troupeaux, ce qui amena la destruction de cette plantation. Entretenue dès le principe, elle formerait aujourd'hui un bois magnifique. Depuis un an l'établissement des bains a repris à ses frais la replantation du parc ; souhaitons-lui bonne chance et prospérité.

nes, dont nous avons proposé d'autre part la création le long de nos routes.

Une dernière pensée en terminant ce chapitre. Pour que les tentatives de reboisement, faites chez les particuliers ou sur les terrains communaux, ne soient pas stériles, il faut nécessairement mettre les jeunes pousses à l'abri des dommages causés fréquemment par les bestiaux et parfois aussi par des gens malintentionnés. Leur clôture s'impose donc. Nous préférons pour cela une rangée de cactus ou d'aloès, à un mur en pierres, toujours coûteux et facile d'ailleurs à escalader.

Outre que les semis désormais seraient à l'abri de toute atteinte, et que, par cela même, ils réussiraient dans de plus grandes proportions, on pourrait tirer de la haie vive d'autres avantages. Prenons le cactus, par exemple. Son fruit, communément appelé figue de barbarie, sert de nourriture aux arabes et aux espagnols, qui en font une grande consommation. Ses jeunes raquettes toujours vertes sont encore données par les indigènes à leurs troupeaux qui dans la saison sèche, en sont très friands.

Ce sont là des avantages appréciables, nous semble-t-il ; aussi tenons-nous à préconiser le cactus pour la formation de toutes les clôtures.

Les questions que nous venons de traiter, constituent, dans leur ensemble un programme complet de colonisation, dont l'application sage et persévérante nous paraît devoir puissamment aider à la prospérité de l'Algérie.

Nous devons maintenant, en parlant du Gouvernement général et de l'administration, nous occuper de celles qui, à un autre point de vue, peuvent aussi rendre efficace l'action colonisatrice dans ce cher pays. Nous avons foi en son avenir, et bientôt même, espérons-nous, bientôt on pourra, sans exception aucune, lui faire l'application des lois et des institutions qui régissent la France. avec les réformes toutefois, que d'ici là, leur fera subir la marche ascendante du progrès de l'esprit humain.

On tiendra compte dans cette application, des exigences morales et matérielles des diverses classes qui composent la population algérienne. Dans ces conditions, l'Algérie deviendra une prolongation de la Métropole, et pourra, en toute raison, changer son nom de Colonie en celui de *Nouvelle France !*

———✕———

VIII

Réorganisation de l'Administration Algérienne.

Pour diriger l'Algérie vers un avenir meilleur ; pour amener plus facilement le rapprochement des éléments hétérogènes qui s'y agitent, — souvent même en sens contraire — pour les grouper et les faire agir dans un intérêt commun, un régime spécial, présidé par un pouvoir fort s'impose pendant quelques années encore dans notre colonie.

Nous estimons donc comme indispensable, à la tête de l'Administration algérienne, le maintien d'un Gouverneur général, muni de pouvoirs bien définis et d'attributions plus étendues que celles dont il jouit jusqu'à ce jour.

Agissant en vertu de lois émanant du Parlement, le premier magistrat de la colonie pourrait plus facilement se soustraire à certaines influences qui, au lieu de servir les intérêts de l'Algérie, ne font que les compromettre et déconsidérer l'Administration. Elles ont encore pour effet d'amoindrir l'autorité du Gouverneur, portent de graves atteintes à son prestige et enchaînent son indépendance. Celle-ci cependant devrait lui rester toute entière, pour qu'il puisse accepter dignement la responsabilité de ses actes et vaincre ainsi les résistances qui pourraient se produire.

Ces mêmes considérations nous font demander pour les Préfets une plus grande extension dans leurs attributions et la délégation pour eux de certains pouvoirs réservés jusqu'ici au Gouverneur. Ces pouvoirs leur permettraient de résoudre sur place beaucoup d'affaires qui aujourd'hui, attendant une solution, sont soumises à une nouvelle instruction, parfois bien longue, dans les bureaux du Gouvernement général.

Par là, on couperait court aux retards bien regrettables que — pour trancher des questions parfois d'un ordre tout à fait secondaire — le mode actuel d'information apporte dans l'expédition des affaires courantes.

Ces dispositions auraient encore l'avantage de simplifier le rouage administratif, et permettraient de diminuer le personnel du Gouvernement général actuel dans la proportion des affaires traitées directement par les Préfets, lesquelles n'auraient plus besoin alors pour recevoir une sanction définitive, que d'être purement et simplement enregistrées au siège du Gouvernement général.

Le Gouverneur général n'ayant plus à se préoccuper de questions de détail pourrait, avec le concours éclairé du Secrétaire général, (1) de son conseil de Gouvernement et avec l'aide des Conseils généraux des départements (2) et du

____

(1) A ce poste de confiance, le Gouverneur général vient d'appeler celui qui mérite si bien de l'occuper par les excellents et dévoués services qu'il a déjà rendus à l'administration et au pays.

(2) Il est de notoriété publique que les Conseils généraux de nos départements, composés comme ils le sont, peuvent, mieux que n'importe qui, signaler avec compétence les réformes économiques et administratives qui s'imposent pour le bien de la colonie.

Les membres de ces Conseils sont généralement des hommes de valeur, d'un talent reconnu et possédant à un haut degré l'esprit d'étude et d'examen.

C'est parmi eux que les Algériens colons et indigènes, trouve-

Conseil supérieur, s'occuper plus aisément de la haute direction de l'administration algérienne et se livrer aussi à l'étude et à l'exécution des questions d'un ordre plus élevé dignes de mériter constamment toute son attention, notamment celles qui sont d'un intérêt majeur pour l'Algérie : asseoir sur des bases solides et durables sa prospérité, et assurer sa sécurité complète en rendant impossible toute nouvelle insurrection.

La création de nouvelles Préfectures et Sous-Préfectures étant nécessaire pour activer la solution *sur place* des affaires qui sont du ressort administratif, les fonctionnaires du personnel actuel du Gouvernement général, qui ne feraient plus partie de celui reconnu indispensable à l'instruction et expédition des affaires qui lui seraient réservées, trouveraient dans les nouvelles créations des Préfectures et Sous-Préfectures des situations en rapport avec leurs droits acquis.

Ces fonctionnaires, considérés à juste titre comme formant un personnel d'élite, rompus en outre au maniement des affaires, sont par là vraiment aptes à rendre d'appréciables services au pays. Leurs changements ne seraient que l'application, en grand, de ce qui aujourd'hui se produit constamment. en petit, à la satisfaction entière de ceux qui sont l'objet des avancements, au choix. Ils auraient même tous les avantages de ces avancements, sans en avoir les inconvénients. — Il arrive en effet que les employés des bureaux des Services départementaux sont froissés, avec juste raison parfois, de ce qu'ils appellent des passe-droits, faits toujours en faveur de leurs collègues des bureaux du Gouvernement général. Avec la mesure que nous proposons cette anomalie disparaîtrait tout d'un coup et ferait place à une situation offrant à tous d'égales garanties pour l'avenir.

Suivant toujours le même ordre d'idées et pour rendre

---

ront toujours de véritables représentants de leurs droits et de leurs intérêts ; aussi l'estime et la considération dont on les entoure est-elle la juste récompense de tous leurs efforts.

plus complète et plus efficace la réorganisation des services publics en Algérie, nous désirerions en outre :

1° La suppression générale—mais seulement par voie d'extinction — des employés auxiliaires dans les divers services de l'Algérie, et leur remplacement, aussitôt que les vacances se produiraient, par des sous-officiers retraités. Jeunes encore, et quoique n'ayant pu arriver à l'épaulette, ces derniers peuvent faire de très bons expéditionnaires ou d'excellents commis-comptables.

Le traitement qui est alloué aux auxiliaires, n'est que de 1,500 à 2,100 francs par an, sans espoir de le voir arriver à un taux plus élevé. — Ces modestes sommes, insuffisantes — on le conçoit -- pour assurer l'existence d'une famille, obligent par conséquent toute une catégorie d'employés à végéter dans une situation précaire que rien ne viendra jamais améliorer. — Dans le commerce, dans l'industrie, ces employés trouveraient des places plus lucratives et partant mieux en rapport avec leurs besoins.

Au contraire, ces traitements minimes réunis à la pension des sous-officiers retraités, leur procureraient ainsi qu'à leur famille une certaine aisance

2° Il est des employés qui, pour obtenir leur admission dans un service technique, sont tenus à un long stage et ne sont admis à un emploi rétribué qu'après plusieurs examens ou concours. Nous désirons pour ceux-là que leur nombre soit désormais plus restreint, mais que leurs appointements soient plus élevés qu'ils ne le sont aujourd'hui. On ferait en sorte que, dès le début de leur carrière, ils puissent jouir d'un traitement au moins égal à la solde actuelle d'un sous-lieutenant. Nous désirons surtout qu'il n'y ait pas tant d'écart entre le traitement de certains chefs de service et celui du grade immédiatement inférieur. Dans bon nombre de cas, cet écart est dans la proportion de 4 à 2 et même de 5 à 2 (accessoires compris de part et d'autre.)

Nous pensons encore qu'il conviendrait de supprimer la

retraite des employés, et de la remplacer par une pension constituée au moyen d'une tontine qui serait alimentée par des versements mensuels faits par les employés de chaque service dans une caisse commune (1). Cela existait déjà pour le corps de la magistrature avant la loi de 1853, sur les pensions civiles). La raison de notre proposition est bien simple : c'est que la modique retraite servie par l'Etat aux employés (les chefs de service exceptés) est insuffisante. Elle n'est pas ce qu'elle pourrait être si l'Etat agissait avec plus d'équité qu'il ne le fait. Il devrait récompenser ses vieux serviteurs et rendre à chacun ses droits, comme il demande à chacun l'accomplissement de ses devoirs.

Bon nombre de ceux qui pourront nous lire ne trouveront probablement pas un bien-grand intérêt dans ces questions d'ordre purement administratif. Cependant malgré l'aridité du sujet, nous avons cru devoir entrer dans tous les développements qu'elles semblent comporter ; et cela afin de mieux faire comprendre notre pensée : c'est par la coordination de tous ces détails qu'on peut arriver à établir une unité d'action dans les divers services de l'Administration algérienne et que l'on obtiendra aussi une plus grande somme de travail effectif, avec un personnel choisi, moins nombreux, et plus largement rétribué.

Si en Algérie on parvenait à supprimer, en grande partie du moins, ce qu'il est convenu d'appeler la routine et la paperasserie administratives un grand pas serait fait en avant et nul doute qu'il ne profiterait, d'une manière sensible, aux intérêts de la colonie.

---

(1) La caisse des retraites de la vieillesse pourrait être chargée de recevoir les versements et assurer le paiement des pensions.

IX

Fonctionnement de l'Administration dans les communes mixtes et de plein exercice.

Le jour où dans la zone du Tell il n'y aura que des communes de plein exercice, la fusion entre colons et Indigènes — si elle n'est pas entièrement faite — ne tardera pas à s'accomplir.

C'est donc pour nous une nécessité de multiplier les centres de colonisation et former ainsi de nombreuses concentrations territoriales pour les constituer ensuite en communes de plein exercice, suivant les principes de nos institutions nationales. Là où le maintien des communes mixtes est encore indispensable, il faudrait augmenter considérablement les pouvoirs des administrateurs que l'on chargerait en outre de rendre la justice au lieu et place des cadis. Au besoin, on adjoindrait aux administrateurs remplissant les fonctions de Juge de paix, un assesseur musulman, afin que les jugements qu'ils rendraient aient plus de force et s'imposent mieux à l'esprit des Indigènes. Nous demanderions aussi qu'une procédure judiciaire plus économique et plus expéditive soit inaugurée à cette occasion.

Nous sommes convaincus que la probité qui distingue nos administrateurs ne permettrait pas de regretter la justice toujours intéressée des Cadis.

Ceux-ci pourraient être maintenus dans leurs fonctions, mais ils les exerceraient exclusivement comme notaires indigènes, suivant les usages établis par la loi musulmane ; à la condition toutefois qu'ils justifieraient après examen, de la connaissance de la langue française et aussi de leur naturalisation comme citoyens Français.

Cette obligation devrait du reste être exigée de tout indigène, qui à un titre quelconque, serait appelé à remplir des fonctions publiques, rémunérées par l'Etat.

Afin que ces fonctionnaires indigènes puissent plus dignement remplir leur mission, nous demanderons qu'ils soient plus largement rétribués qu'ils ne le sont aujourd'hui. Ce serait même un moyen puissant de les obliger à mieux s'occuper de la police du pays. — On conviendra facilement qu'il est réellement puéril d'exiger d'un garde champêtre indigène — qui, outre la charge de sa famille, est obligé d'acheter à ses frais un cheval, de l'équiper et de le nourrir — qu'il puisse faire face à toutes ces dépenses avec les 30 francs par mois qui lui sont alloués.

Avec une pareille rémunération, il lui est impossible de faire convenablement la police de son Douar. Aussi la plupart du temps il ferme l'œil sur les vols et les délits de toute nature qui s'y commettent fréquemment et dont il est parfois le complice. Mieux rétribué, cet agent ferait mieux son service personnel, faciliterait davantage les recherches de la justice, et seconderait avec plus d'efficacité l'action des Brigades de gendarmerie dont, soit dit en passant, le nombre nous paraît réellement trop restreint.

Partisan d'une sage décentralisation, nous souhaiterions qu'il soit laissé une plus grande initiative aux Conseils municipaux. Qui mieux qu'eux en effet, puisqu'ils sont choisis et élus par leur concitoyens peut être plus apte à connaître les besoins locaux et à diriger les affaires de leur commune ?

Laissons donc aux municipalités une certaine liberté d'action, sous la surveillance et la protection bienveillante du pouvoir central, elles sont de précieux auxiliaires pour l'administration : elles représentent un facteur important qui ne coûte rien à l'Etat, et dont il convient de tirer profit pour simplifier le rouage administratif.

X
Travaux publics.

Les personnages qui se trouvent à la tête de ce service constituent une oligarchie puissante. Hommes aux théories savantes, fort honorables d'ailleurs et d'un mérite réel, ils ne semblent pas, dans la haute situation qu'ils ont si ligitimement acquise, devoir s'occuper — comme pourrait le faire le personnel d'un service n'ayant qu'un seul et même recrutement — des questions qui paraissent tout d'abord d'un ordre inférieur. Ces questions ont cependant leur importance, puisque elles comportent la surveillance incessante et le contrôle des travaux qui, effectués généralement suivant des projets bien conçus, n'en sont pas moins — et cela trop souvent — reconnus défectueux quelque temps après leur achèvement. Cela ne les empêche pas d'être très coûteux si on les compare à la qualité des matériaux employés et à la manière dont ils sont utilisés.

Pour prévenir de pareils inconvénients, il suffirait, nous semble-t-il, que la surveillance et un contrôle permanent dans l'exécution des travaux fussent confiés à un service spécial, qui, en dehors de toute direction, serait en même temps chargé de les recevoir *sous sa responsabilité*, et d'en ordonner la dépense.

XI
L'Usure.

C'est la rareté de l'argent et la difficulté de se le procurer qui produisent l'usure ; partout où il abonde le taux de l'intérêt diminue.

Nous devons constater que l'Algérie souffre de cette pénurie de capitaux, et qu'en dehors du commerce qui trouve très facilement à escompter son papier à un taux relativement raisonnable , les propriétaires et les colons sont obligés, pour s'en procurer, de recourir à des emprunts hypothécaires qui le plus souvent sont ruineux pour eux. En effet. par suite des frais considérables qu'ils entraînent : enregistrement, droit proportionnel. transcriptions hypothécaires, police d'assurance, honoraires du notaire, frais de la grosse et de l'expédition, le taux de l'intérêt se trouve porté à un chiffre très élevé.

Il arrive donc que le propriétaire d'un immeuble bâti — surtout avec les nouvelles charges de l'impôt foncier trop maladroitement et prématurément appliqué en Algérie — se trouve dans une situation déplorable qui, du reste, a déjà amené une grande dépréciation dans la valeur des propriétés immobilières.

L'esprit fiscal, appliqué sans tempérament aucun par les Gouvernements, même les plus démocratiques de nos jours, si l'on ne parvient pas à l'enrayer par des dispositions plus sages et plus économiques, ne peut qu'amener de grandes perturbations dans l'ordre social, et pour nous Algériens, paralyser pour un profit immédiat, mais sans grande importance pour le budget général, le développement normal de notre prospérité et par suite de la richesse nationale. (1)

C'est au Gouvernement de porter remède à cet état de choses, comme il est de notre devoir, à nous particuliers, de faire cesser l'usure. Le système que, pour cela, nous proposons paraîtra rude tout d'abord, mais le mal du moins sera extirpé radicalement. En outre, dans un avenir prochain, nous aurons à notre disposition les capitaux nécessaires tant aux exploitations agricoles qu'aux travaux de

---

(1) A ce sujet, nous croyons devoir faire remarquer de nouveau, que le Commerce et l'Industrie de France seront les premiers à bénéficier de toute situation pouvant a mener une plus grande extension dans le mouvement d'affaires entre les deux pays.

toutes sortes que demanderait le développement de la colonie. Plus désormais de recours à l'Etat, ni aux banques privilégiées, et encore moins aux usuriers, où jusqu'ici allaient puiser et les colons et les indigènes. Voici notre pensée : Il faut nous syndiquer tous, propriétaires, artisans, colons et indigènes habitant une même commune, pour fonder des caisses de prévoyance (1). Nous déposerions là tous, des cotisations proportionnelles et même nos épargnes, chaque mois, chaque trimestre ou chaque année, suivant les besoins. Ce serait la constitution de banques nationales qui sous le contrôle et la surveillance de l'Etat, pourraient prêter même aux déposants.

Nous ajouterons que ces caisses de prévoyance et d'épargne fructifieraient, de jour en jour, par les cotisations successives, dont le dépôt formerait par la suite des sommes considérables, pouvant faire face à toutes les éventualités. Les prolétaires seraient les premiers à en profiter, et sans prétendre ici faire une prophétie, sans vouloir non plus donner des gages à aucune doctrine, nous croyons que seulement, dans des institutions mutuelles semblables à celle que nous indiquons, on peut trouver une solution favorable à la question sociale. Telle qu'elle se pose aujourd'hui, elle ne peut se résoudre que par une révolution entraînant avec elle de grandes calamités, dont les classes dirigeantes seront les premières victimes. Espérons pour le bien de l'humanité que c'est le moyen pacifique qui triomphera, en sauvegardant tous les intérêts en cause, et que ce seront justement les classes dirigeantes qui prendront l'initiative de cette heureuse évolution.

---

(1) En Allemagne et en Alsace-Lorraine les caisses Raffeisen ont réalisé, par village, ce prêt mutuel qui a fait disparaître l'usure.

XII

Conclusion.

Après avoir traité toutes les questions qui paraîssent devoir intéresser l'avenir de notre Colonie, qu'il nous soit permis de dire que nous n'avons pas cru exprimer des idées nouvelles. Nous savons, aussi bien que personne, quels vaillants esprits et quels brillants écrivains ont pris, avant nous la défense de l'Algérie. Mais si nous ne pouvons rivaliser avec de tels champions, nous avons du moins voulu, dans la bien modeste mesure de nos moyens, aider au progrès de la colonisation, qui seule, peut régénérer ce pays, notre patrie d'adoption.

Nour n'aurions probablement pas pris la plume si nous n'avions la certitude qu'une ère nouvelle se lève pour l'Algérie où les habitants intelligents et plus instruits que la majorité des paysans français, appellent de tous leurs vœux, un gouvernement capable de rendre prospère notre colonie. Elle deviendrait par là et sans conteste, une des gloires de la France, gloire pacifique de civilisation et de progrès, telle que la doivent souhaiter désormais les nations.

Oran, le 1er septembre 1891.

GEORGES GALENS,
Vérificateur de première classe du Service de la Topographie, en retraite.

Alger. — Imprimerie P. Fontana et Cⁱᵃ, rue d'Orléans, 29. — 1892.

www.ingramcontent.com/pod-product-compliance
Lightning Source LLC
Chambersburg PA
CBHW061249030726
47595CB00004B/1760